Learn French: Proverbs Idioms & Phrases

by

Eveline Turelli

First Edition: October 2015.

As you may already know, **French** is not an easy-to-learn language.

The best way to try to master French is to learn by heart its most popular idiomatic expressions.

In this book, you will find the corresponding English version below every French *expression idiomatique.* This will help you catch its full meaning in no time.

Learn 200 French idioms, everyday phrases and proverbs, and enjoy comparing them with their English counterparts.

Proverbs & Sayings
(Proverbes et Dictons)

1) **À bon entendeur, il ne faut qu'une parole.**

À bon entendeur, salut.

A word to the wise is enough.

2) **À cheval donné on ne regarde pas la denture / la bride.**

Don't look a gift-horse in the mouth.

3) **Hâtez-vous lentement.**

Haste makes waste.

4) **À renard endormi, il ne tombe rien dans la gueule.**

The early bird catches the worm.

5) **On revient toujours à ses premières amours.**

Des soupes et des amours, les premières sont les meilleures.

One's first love is never forgotten.

6) **Il faut battre le fer tant qu'il est chaud.**

Strike while the iron is hot.

7) **Appeler un chat un chat.**

To call a spade a spade.

8) **Autre pays, autre coutume.**

À Rome, fais comme les Romains.

When in Rome do as the Romans do.

9) **La beauté est dans l'œil de celui qui regarde.**

Beauty is in the eye of the beholder.

10) **Ne remets pas au lendemain ce que tu peux faire le jour même.**

Don't put off until tomorrow what you can do today.

11) **Il y a loin de la coupe aux lèvres.**

There's many a slip 'twixt the cup and the lip.

12) **Les mensonges ont de courtes jambes.**

Lies have short legs.

13) **Dis-moi qui tu fréquentes / hantes, je te dirai qui tu es.**

A man is known by the company he keeps.

14) **Les cordonniers sont toujours les plus mal chaussés.**

The shoemaker's son always goes barefoot.

The cobbler's children have no shoes.

15) **Au royaume des aveugles, les borgnes sont rois.**

In the land of the blind, the one-eyed man is king.

16) **Quand on parle du loup, on en voit la queue.**

Speak of the devil (and in he walks).

17) **Un tiens vaut mieux que deux tu l'auras.**

Il vaut mieux tenir que courir.

A bird in the hand is worth two in the bush.

18) **Tout ce qui brille n'est pas or, (tout ce qui colle n'est pas goudron).**

All that glitters is not gold.

19) **Qui se loue s'emboue.**

Self-praise is no recommendation.

20) **L'arbre est connu par ses fruits, non par ses racines.**

The tree is known by its fruit.

21) **Rome ne s'est pas faite en un jour.**

Rome wasn't built in a day.

22) **Œil pour œil dent pour dent.**

An eye for an eye, a tooth for a tooth.

23) **Loin des yeux, loin du cœur.**

Out of sight, out of mind.

24) **Chien qui aboie ne mord pas.**

Barking dogs seldom bite.

25) **Vouloir, c'est pouvoir.**

Quand on veut, on peut.

Where there is a will there is a way.

26) **Qui ne risque rien n'a rien.**

Jamais honteux n'eut belle amie.

Nothing ventured, nothing gained.

Faint heart never won fair lady.

27) **Qui se couche avec des chiens, se lève avec des puces.**

If you sleep with dogs, you will wake up with fleas.

28) **Qui cherche trouve.**

Seek and ye shall find.

29) **Aide-toi, le ciel t'aidera.**

God helps those who help themselves.

30) **Chassez le naturel, il revient au galop.**

Qui a bu boira.

Qui naît poule aime à caqueter.

La caque sent toujours le hareng.

A leopard cannot change its spots.

31) **Un homme averti en vaut deux.**

Forewarned is forearmed.

32) **Qui vit par l'épée périra par l'épée.**

Quiconque se sert de l'épée périra par l'épée.

He who lives by the sword shall die by the sword.

33) **Tant va la cruche à l'eau qu'à la fin elle se brise / se casse.**

The pitcher that goes to the well too often is broken at last.

34) **On récolte ce que l'on a semé.**

You will reap what you sow.

35) **Tel père, tel fils.**

Bon chien chasse de race.

Like father, like son.

36) **L'oisiveté est la mère de tous les vices.**

Idleness is the root of all evil.

Idle hands are the devil's workshop.

37) **Mieux vaut tard que jamais.**

Better late than never.

38) **L'habit ne fait pas le moine.**

La robe ne fait pas le médecin.

Il ne faut pas juger les gens sur la mine.

You can't judge a book by its cover.

39) **La nuit porte conseil.**

Night brings (good) counsel.

40) **L'occasion fait le larron.**

Opportunity makes the thief.

41) **Il ne faut pas vendre la peau de l'ours avant de l'avoir tué.**

Don't count your chickens before they are hatched.

42) **Mieux vaut être seul que mal accompagné.**

It is better to be alone than in bad company.

43) **Il n'y a pas de rose sans épines.**

There is no rose without thorns.

44) **Chacun est l'artisan de sa fortune / de son sorte.**

Every man is the architect of his own fortune.

45) **Jamais deux sans trois.**

Un malheur ne vient jamais seul.

It never rains but it pours.

These things always come in threes.

46) **Qui sème le vent, récolte la tempête.**

He that sows the wind reaps the whirlwind.

47) **Une hirondelle ne fait pas le printemps.**

One swallow does not make a summer.

48) **L'exception confirme la règle.**

The exception proves the rule.

49) **La fortune sourit aux audacieux.**

Fortune favors the brave.

50) **Ne fais pas aux autres ce que tu ne voudrais pas qu'on te fasse.**

Do unto others as you would have them do unto you.

51) **La fin justifie les moyens.**

The end justifies the means.

52) **Quand le chat n'est pas là, les souris dansent.**

When the cat's away, the mice will play.

53) **Faute d'un point, Martin perdit son âne.**

For want of a nail, the horseshoe was lost.

54) **L'ignorance de la loi n'excuse personne.**

Nul n'est censé ignorer la loi.

Ignorance (of the law) is no excuse.

55) **Rira bien qui rira le dernier.**

He who laughs last laughs loudest.

56) **L'appétit vient en mangeant.**

Appetite comes with eating.

57) **Quand on crache en l'air, ça vous retombe sur le nez.**

What goes around comes around.

58) **Aux grands maux, les grands remèdes.**

Critical situations call for drastic measures.

59) **La nécessité est mère de l'invention / d'industrie.**

Necessity is the mother of invention.

60) **Comme on fait son lit, on se couche.**

As you make your bed, so you must lie in it.

61) **L'avenir appartient à ceux qui se lèvent tôt.**

An hour in the morning is worth two in the evening.

The early bird catches the worm.

62) **Une main lave l'autre.**

You scratch my back and I'll scratch yours.

63) **On ne peut faire d'une buse un épervier.**

You can't make a silk purse out of a sow's ear.

64) **Tous les goûts sont dans la nature.**

Des goûts et des couleurs on ne discute pas.

There's no accounting for tastes.

65) **Il faut laver son linge sale en famille.**

Don't wash your dirty linen in public.

66) **Qui tard arrive mal (se) loge.**

Les premiers arrivés sont les premiers servis.

First come, first served.

67) **Un travail bien commandé, est la moitié fait.**

Un travail bien préparé est à moitié terminé.

Well begun is half done.

A good start is half the battle.

68) **Qui trop embrasse mal étreint.**

Grasp all, lose all.

69) **La véritable amitié se voit dans le malheur.**

Au besoin on connaît l'ami.

A friend in need is a friend indeed.

70) **Celui qui va lentement va sûrement, et celui qui va sûrement va loin.**

Slow and steady wins the race.

71) **Tant qu'il y a de la vie, il y a de l'espoir.**

Where there's life there's hope.

Hope dies last.

72) **L'erreur est humaine.**

To err is human, but to persevere (in error) is diabolical.

73) **Ciel rouge le soir, blanc au matin, c'est la journée du pèlerin.**

Red sky at night, shepherd's delight.

74) **Qui vivra verra.**

Time will tell.

Wait and see.

75) **Tous les chemins mènent à Rome.**

All roads lead to Rome.

76) **C'est l'hôpital qui se moque de la charité.**

The pot calls the kettle black.

77) **Ne mords pas la main qui te nourrit.**
Ne crache pas dans la soupe.

Don't bite the hand that feeds you.

78) **Bon sang ne saurait mentir.**

Blood is thicker than water.

79) **Qui trouve un ami, trouve un trésor.**

A good friend is worth their weight in gold.

80) **L'enfer est pavé de bonnes intentions.**

The way to hell is paved with good intentions.

81) **Tout est bien qui finit bien.**

All is well that ends well.

82) **Mieux vaut prévenir que guérir.**

A stich in time saves nine.

An ounce of prevention is better than a pound of cure.

83) **Entre l'arbre et l'écorce il ne faut pas mettre le doigt.**

Don't go between the bark and the tree.

84) **L'argent n'a pas d'odeur.**

Money doesn't smell.

85) **La consolation des malheureux est d'avoir des semblables.**

Au malheureux fait confort avoir compagnie dans son sort.

A trouble shared is a trouble halved.

86) **L'amour est aveugle.**

Love is blind.

87) **On voit la paille dans l'œil de son voisin et non la poutre dans le nôtre.**

You can see a mote in another's eye but cannot see a beam in your own.

88) **On ne peut avoir le beurre et l'argent du beurre.**

You can't have your cake and eat it.

89) **Heureux au jeu, malheureux en amour.**

Lucky at cards, unlucky in love.

90) **Il ne sert à rien de pleurer sur le lait répandu.**

It's no use crying over spilt milk.

91) **Qui se ressemble s'assemble.**

Birds of a feather flock together.

92) **La vengeance est un plat qui se mange froid.**

Revenge is a dish best served cold.

93) **Chose promise, chose due.**

A promise made is a debt unpaid.

94) **Il est des sots de tout pays.**

En tout pays il y a une lieue de mauvais chemin.

In every country, dogs bite.

95) **Patience et longueur de temps font plus que force ni que rage.**

Goutte à goutte, l'eau creuse la pierre.

He conquers who endures.

96) **Un clou chasse l'autre.**

One nail drives out another.

97) **L'hôte et le poisson, en trois jours poison.**

Fish and guests smell after three days.

98) **Pas de nouvelles, bonnes nouvelles.**

No news, good news.

99) **Qui va à la chasse perd sa place.**

Move your feet, lose your seat.

100) **Demain il fera jour.**

Tomorrow is another day.

101) **La parole est d'argent et le silence est d'or.**

Speech is silver, but silence is golden.

102) **C'est en forgeant qu'on devient forgeron.**

Practice makes perfect.

103) **Il n'est pire sourd que celui qui ne veut pas entendre.**

There's none so deaf as those who will not hear.

104) **La satiété engendre le dégoût.**

Enough is as good as a feast.

105) **Faute de grives on mange des merles.**

Beggars can't be choosers.

106) **Il faut rendre à César ce qui appartient à César (et à Dieu, ce qui est à Dieu).**

Render to Caesar the things which are Caesar's.

107) **Pomme du matin éloigne le médecin.**

An apple a day keeps the doctor away.

108) **N'éveillez pas le chat qui dort.**

Let sleeping dogs lie.

109) **À quelque chose malheur est bon.**

Après la pluie, le beau temps.

Every cloud has a silver lining.

110) **L'herbe est toujours plus verte chez le voisin.**

The grass is always greener on the other side of the fence.

111) **La variété ravive les plaisirs.**

Variety is the spice of life.

112) **La loi est souvent violée par celui même qui l'a faite.**

Dès que la loi est faite, on cherche la manière de la violer.

Every law has a loophole.

113) **Mauvaise herbe croît toujours.**

A bad penny is always turning up.

114) **Qui ne dit mot consent.**

Speak now, or forever hold your peace!

115) **Chacun tire l'eau à son moulin.**

Everyone looks out for number one.

Idioms & Phrases
(Expressions idiomatiques)

1) **Rendre la monnaie de sa pièce.**

Tit for tat.

2) **Il pleut des cordcs.**

It's raining cats and dogs.

3) **De mal en pis.**

Tomber de Charybde en Scylla.

To get out of the frying pan into the fire.

4) **Tirer les marrons du feu.**

To pull someone's chestnuts out of the fire.

5) **Chaque chose en son temps !**

One thing at a time.

Don't cross your bridges till you come to them.

6) **Manger les pissenlits par la racine.**

To be pushing up (the) daisies.

7) **Quand les poules auront des dents.**

When pigs fly.

In a month of Sundays.

8) **Avoir / loger le diable dans sa bourse.**
Être à la côte.

To be (flat) broke.

9) **Faire d'une pierre deux coups.**

To kill two birds with one stone.

10) **La goutte d'eau qui fait déborder le vase.**

The straw that breaks the camel's back.

11) **C'est une autre paire de manches.**

A different kettle of fish.

A horse of a different color.

12) **Avoir la partie belle.**

To have the upper hand / the whip hand.

13) **Tous les trente-six du mois.**

Once in a blue moon.

14) **Arriver à bon port.**

To arrive safe and sound.

15) **Cirer les pompes (de quelqu'un).**

To kiss someone's ass.

16) **Prendre le taureau par les cornes.**

To take the bull by the horns.

17) **Ménager la chèvre et le chou.**

To run with the hare and hunt with the hounds.

18) **Être au septième ciel.**

To be on cloud nine.

19) **Se croire sorti de la cuisse de Jupiter.**

To think you are God's gift (to the world).

20) **Connaître / Savoir sur le bout du doigt / des doigts.**

To know something like the back of your hand.

21) **Être pris la main dans le sac.**

To be caught red-handed / in the act.

22) **Avoir l'estomac dans les talons.**

To be starving.

23) **Avoir la main verte / les pouces verts.**

To have a green thumb / green fingers.

24) **Mettre l'eau à la bouche.**

To make one's mouth water.

25) **Il y a anguille sous roche.**

I smell a rat!

26) **Taper sur le système / le haricot.**

To get on someone's nerves.

27) **Prendre ses jambes à son cou.**

To take to one's heels.

28) **Être fou à lier.**

To be as mad as a hatter.

29) **Avoir un coup dans le nez.**

To be tipsy / drunk.

30) **Avoir des fourmis dans les membres / les jambes.**

To have ants in one's pants.

31) **Dormir sur ses deux oreilles.**

To sleep soundly / like a baby.

32) **Se mettre le doigt dans l'œil.**

To be completely mistaken.

33) **Manger de la vache enragée.**

To live hand to mouth / to scrape a living.

34) **Avaler des couleuvres.**

To bite the bullet.

35) **Faire contre mauvaise fortune, bon cœur.**

To put a good / brave face on a situation.

36) **Être à couteaux tirés.**

To be at daggers drawn / loggerheads.

37) **Avoir les yeux plus gros que le ventre.**

To bite off more than one can chew.

38) **Tourner autour du pot.**

To beat about the bush.

39) **Mettre la charrue avant / devant les bœufs.**

To put the cart before the horse.

40) **Couper les cheveux en quatre.**

To split hairs.

41) **Avoir le cœur sur la main.**

To be generous / good-hearted.

42) **Mettre des bâtons dans les roues.**

To put a spoke in one's wheel.

43) **Être sur les charbons ardents.**

To be on pins and needles.

44) **Bâtir des Châteaux en Espagne.**

To build castles in the air / in Spain.

45) **De justesse.**

Par la peau des dents.

D'un cheveu.

À un poil près.

By the skin of one's teeth.

By a hair.

46) **Chercher une aiguille dans une botte de foin.**

(To be like) looking for a needle in a haystack.

47) **Être né avec une cuiller d'argent dans la bouche.**

To be born with a silver spoon in one's mouth.

48) **Se retrousser les manches.**

To roll up one's sleeve.

49) **Se trouver entre le marteau et l'enclume.**

Caught between a rock and a hard place.

Between the devil and the deep blue sea.

50) **Tenir la chandelle.**

To play gooseberry.

51) **Quand le vin est tiré, il faut le boire.**

In for a penny, in for a pound.

52) **Rien ne va plus, les jeux sont faits.**

No more bets, please.

53) **Les dés sont jetés.**

The die is cast.

54) **En un clin d'œil.**

In the blink of an eye.

55) **Ils vécurent heureux et eurent beaucoup d'enfants.**

And they all lived happily ever after.

56) **Ne pas y aller par quatre chemins.**

To cut to the chase.

57) **Jeter l'éponge.**

To throw in the sponge / the towel.

58) **Fermer les yeux (sur quelqu'un / quelque chose).**

To turn a blind eye to someone / something.

59) **C'est bonnet blanc et blanc bonnet.**

Same meat, different gravy.

Six of one, half a dozen of the other.

60) **Être comme cul et chemise.**

To be hand in glove (with someone).

61) **Ne pas y aller avec le dos de la cuillère.**

To be outspoken / not to mince one's words.

62) **Chercher la petite bête.**

To nitpick.

63) **La cerise sur le gâteau.**

The icing on the cake.

64) **Avoir d'autres chats à fouetter.**

To have other issues to deal with.

65) **Avoir un cadavre dans le placard.**

To have a skeleton / skeletons in the closet.

66) **Avoir une épée de Damoclès (suspendue) au-dessus de la tête.**

To have a sword of Damocles hanging over one's head.

67) **Jeter l'argent par la fenêtre.**

To squander money.

68) **Se noyer dans un verre d'eau.**

To drown in a glass of water.

To make a mountain out of a molehill.

69) **De nulle part.**

Out of the blue.

70) **Vendre la mèche.**

To let the cat out of the bag.

71) **Sauter du coq à l'âne.**

To jump from one subject to another.

72) **Les carottes sont cuites.**

Your goose is cooked.

73) **Se marrer / Rire comme un bossu.**

To laugh one's ass off.

74) **En avoir ras-le-bol.**

To be sick of something / fed up with something.

75) **Avoir un chat dans la gorge.**

To have a frog in one's throat.

76) **Ne pas être dans son assiette.**

To feel under the weather.

77) **Ne plus savoir où donner de la tête.**

Not to know which way to turn.

78) **Motus et bouche cousue !**

Keep it to yourself!

Thanks for choosing this book.
If you find it helpful, please help other readers with your feedback.

Eveline

www.ingramcontent.com/pod-product-compliance
Ingram Content Group UK Ltd.
Pitfield, Milton Keynes, MK11 3LW, UK
UKHW021644190726
13853UKWH00001B/45

9 798211 068612